Souvenirs de Bretagne

Préface de Louis Guilloux

Souvenirs de Bretagne

Photographies de Charles Lhermitte
1911 - 1913

Chêne

Nous tenons à remercier
Nicole Salat-Le Poutinet,
Madame Antonelli de la librairie Celtique
Béatrice Benalia de la maison de la Bretagne.

ISBN : 2 85108 186 1

Sommaire

La patience et la curiosité des hommes, aidées par le hasard qui est la providence des chercheurs, font que sans cesse de nouvelles trouvailles viennent enrichir nos musées en ajoutant à nos connaissances. A cet égard, il semble que l'on peut dire que notre siècle aura été le plus fertile de tous. Nous savons désormais à quoi nous en tenir sur de nombreux aspects des grandes civilisations disparues, sur l'histoire et la préhistoire. Nous connaissons l'âge de la Terre, et il est devenu pour ainsi dire banal de rappeler que nous allons sur la Lune. Ce sont là de grandes merveilles en face desquelles il devient oiseux de répliquer que ces grandes merveilles ne règlent en rien les difficultés de notre vie quotidienne sur la terre où elles nous laissent, en somme, Gros-Jean comme devant.

Plus nous progressons dans les découvertes, plus nos connaissances s'élargissent, et plus nous voyons que nos ignorances fondamentales restent les mêmes, plus nous sentons que tout est et restera mystère. Qui sommes-nous? D'où venons-nous? Où allons-nous?

Voilà combien d'années qu'un paysan grec découvrit, en labourant son champ, la Vénus de Milo? Ce miracle qui inspira de si belles pages à Paul de Saint-Victor date du XIXe siècle, comme la découverte géniale de Champollion qui permit de déchiffrer les hiéroglyphes. Et nous sommes encore nombreux aujourd'hui à nous souvenir de la sensation que provoque partout dans tous les journaux du monde le récit que nous y lisions de l'exhumation de Toutankhamon et des fabuleux trésors enfouis depuis des siècles dans son tombeau.

Cependant, en matière de découvertes, s'il en est d'éclatantes qui changent tout, il en est d'autres, modestes, qui se font par les hasards d'objets dispersés dans une vente aux enchères, ou trouvés dans un grenier ou dans une foire à l'étal d'un brocanteur. Des aubaines, à vrai dire. Un bonheur du jour, un livre, qu'un liseur dont nous ne saurons jamais rien aura patiemment annoté, un paquet de lettres attachées ou non par une faveur, un vieux diplôme décerné pour sa bonne conduite à un soldat de Napoléon ou encore les lettres d'un marin écrivant de Chine à ses parents. Ce sont là des choses de rebut qui n'étaient pas destinées à paraître au jour, et qui nous touchent directement. Elles nous racontent la vie de tous les jours, elles nous sont parfois contemporaines.

Les grandes résurrections des archéologues nous parlent du destin des civilisations, de la lutte millénaire que poursuivent les hommes jetés dans un monde indéchiffrable avec lequel ils ne peuvent s'équilibrer que par la grandeur et la beauté de leurs ouvrages, et leur amour de la vie. Mais devant l'histoire révolue, nous nous sentons libres, pas devant le moindre de ces objets de rebut que nous rencontrons dans la boutique d'un brocanteur ou dans une salle des ventes où nous serons entrés par hasard.

L'histoire nous intéresse, ces petites trouvailles nous regardent. Il s'agit là de la vie quotidienne, de la vie des gens qui ordinairement ne laissent pas de traces dans l'histoire, de la vie de nos pères et de nos grands-pères qui auront vécu à l'ombre de leur clocher, dans une paisible confiance, tant que l'histoire ne sera pas venue tout renverser par un de ces grands sursauts comme d'un homme endormi qui rêve, comme il s'en est tant produit dans notre siècle. De ces sursauts qui entraînent une rupture définitive entre deux époques et font qu'il y aura à partir de là un *avant* et un *après*.

Comme il y en a du reste entre les âges de la vie. Aujourd'hui grâce aux progrès des sciences et des arts, nos souvenirs d'une époque à l'autre nous sont rendus par les photographies pieusement conservées dans les albums de famille. Ainsi pouvons-nous retrouver les images des premières années de notre enfance, de notre adolescence, de notre jeunesse, du temps béni de la vie en fleur, où tout est fête, lumière, bonheur, surtout si ce temps-là aura été celui des premières années de notre siècle qui furent les dernières d'une paix qu'on croyait acquise pour toujours. Or, c'est dans un grenier que tout récemment ont été retrouvés les deux gros albums abandonnés là depuis près de soixante-dix ans, d'où nous avons extrait les photographies qui constituent le présent recueil.

Il ne s'agit pas ici d'albums de famille, à moins que l'on n'entende par famille le peuple qui nous entoure et au milieu duquel on vit. Il ne s'agit pas non plus d'une collection d'amateur, mais du travail d'un professionnel.

Les images que l'on y trouve sont toutes soigneusement rangées, cataloguées, répertoriées et toutes remarquables à de nombreux égards. D'abord par leurs dates : les années 1911 et 1912 ; ensuite par le choix du photographe dont le champ d'exploration n'excède pas certains lieux de la vieille Bretagne bretonnante ; et, bien entendu, par la technique de l'époque, où l'art de la photographie est à peine sorti de l'enfance. Mais il faut le dire tout de suite : si l'art de la photographie balbutie encore, le photographe se montre partout d'une grande maîtrise et d'un goût généralement très sûr. Enfin, il évite partout le pittoresque pour touristes. C'est ce qui apparaît dès qu'on entreprend d'examiner ce bel ensemble, dont on ne saura jamais pourquoi il est resté si longtemps négligé, pas plus qu'on ne saura où, dans quel grenier — et ce grenier dans quelle maison, et la maison dans quelle ville — s'est produite cette trouvaille.

Tout ce qu'il nous est permis de savoir c'est que cette ville se situe assurément en Bretagne bretonnante, quelque part dans le Finistère sans doute, comme si les dieux n'avaient pas voulu que fussent relégués ailleurs les trésors qui n'appartenaient qu'à cette vieille terre, comme si quelque fée — elles ne manquent pas en Bretagne — avait veillé pendant près de soixante-dix ans sur leur sommeil.

Quel émerveillement en découvrant ces images un peu jaunies, mais à peine, parfaitement lisibles, soigneusement alignées dans ces gros albums, certaines d'entre elles retraitées, agrandies par les moyens de la technique moderne, lumineuses.

Il semble que la lumière du jour où elles ont été saisies soit la même que celle d'aujourd'hui, que leur jeunesse soit la même que celle de ce matin même où le soleil s'est mis de bonne heure à briller, que la paix, dont elles sont la preuve, soit sous nos yeux la paix de toujours. L'histoire se déroule comme elle peut, pas toujours comme on le souhaiterait, mais ne sait-on pas que, quels que soient ses tumultes, la lumière est toujours la même ?

Quel tableau plus charmant que celui de ces jeunes dentellières de Fouesnant assises dans l'herbe sous les grands arbres, et comme on sait gré au photographe de les avoir rassemblées là, ou peut-être surprises, et d'avoir conservé pour nous ce moment de bonheur paisible dans l'innocence souriante de la prime jeunesse et de la beauté ! Aucune de ces dentellières n'a encore passé la vingtaine et nous sommes en 1911. On peut rêver.

Quittons un instant, sans adieu, ces tendres visages qui portent en eux les promesses de la fleur annonçant le fruit, pour rendre visite aux lavandières qui bavardent autour du lavoir qu'on appelait autrefois le « doué » et qui ont disparu, nous semble-t-il, pour nous rendre au port de Concarneau à la rencontre de quelque marin pêcheur tenant dans chacune de ses mains l'énorme poisson qu'il vient de pêcher et qu'il rapporte à la maison. Tout un groupe d'enfants est là sur le quai le long duquel vient d'accoster le bateau. Concarneau n'est pas très loin de Fouesnant où nous avons laissé nos jeunes dentellières. Et qui nous empêche de penser que ce robuste pêcheur est peut-être le frère ou le cousin de l'une d'elles ?

Apparemment, notre photographe ne s'impose jamais un itinéraire bien rigoureux. Il improvise. On le trouve tantôt à Concarneau, tantôt à Fouesnant ou à Vannes, à Douarnenez, à Quimper. Sans doute était-il un peu rêveur. Il va de-ci, de-là, partout où résonne la vieille langue bretonne. Il ne cherche pas, il trouve, ne se laissant guider que par son instinct, c'est-à-dire par l'amour qu'il éprouve pour ce pays et pour cette population silencieuse et laborieuse qui l'habite. On dirait, non qu'il trouve, mais que les objets qui l'intéressent le trouvent.

Bien que son père soit du Nord, peut-être est-il lui-même né en Bretagne ? Et pas dans n'importe quelle Bretagne, mais dans cette partie du pays où dominent la vieille langue et les vieilles coutumes, les vieilles pierres et les vieux contes, où l'on se souvient encore des grandes légendes qui ont enchanté le monde : Tristan et Iseult, la ville d'Is engloutie ; où se dressent depuis des temps immémoriaux les grands monuments préhistoriques de Carnac, l'un des hauts lieux sacrés du monde.

Il n'est pas jusqu'à l'apparente négligence, peut-être, par laquelle il n'a pris aucun soin d'assurer la destinée de son héritage, qui n'apparaisse comme un trait de son caractère breton — qui va de pair avec sa modestie — et qui ne soit comme un signe de la distance qu'il prend à l'égard du monde. Il n'était sûrement pas homme à s'embarrasser d'un notaire à qui il eût confié ses trésors pour qu'ils soient transmis à quelque musée.

On raconte qu'en des temps très anciens nos primes Bretons, voyant comme le monde est difficile, surtout quand on voudrait le gouverner, se réunirent un jour dans un beau château, s'emparèrent de leurs drapeaux et de leurs bannières, et se mirent en route vers une lande bien vaste et bien déserte. Là, levant leurs regards vers le ciel, ils invoquèrent la Vierge en disant : « Sainte Vierge, ce monde est trop difficile pour nous. Nous te rendons nos pouvoirs et te remettons nos drapeaux et nos bannières. » Ils s'inclinèrent tous ensemble et déposèrent dans l'herbe les drapeaux et les bannières, et s'en furent.

Le génie du peuple breton n'est pas romain. César n'a pas encore achevé sa conquête. Il ne l'achèvera jamais.

On parle souvent de l'« entêtement » breton. Il serait plus honnête de parler de la « solidité » bretonne, celle du roc en face de la mer. Le marin n'oppose pas son « point de vue » au « point de vue » de la tempête. Il lui résiste, il la combat, il lui oppose sa science, mais il ne la discute pas. S'il est vrai qu'il ne s'arrange jamais avec le monde — mais s'arrange-t-il avec le ciel ? — il affronte le monde et le ciel les yeux ouverts, mais le cœur plein.

Sait-on que naguère les marins bretons portaient une ceinture de cuir dont la boucle en cuivre était un cœur ?

Merveilleux pays, merveilleuses gens ! Si nous nous y promenons au hasard, comme semble l'avoir fait notre photographe, nous y gagnerons sûrement des rencontres qui ne manqueront pas de nous instruire sur l'humeur de ces paysans ou de ces pêcheurs. Tantôt ce sera dans une salle d'auberge la présence d'un homme que rien ne distingue de la compagnie qui l'écoute et qui, de temps à autre, éclate d'un grand rire unanime. Vous voudrez savoir qui est cet homme, et pourquoi on rit de si bon cœur en l'écoutant ? On vous répondra que c'est Job, un ouvrier. Il est marbrier de son état. De temps en temps, il vient passer là une heure, sa journée faite, et c'est toujours la même chose, il raconte des histoires qui font rire tout le monde. Parce que Job est un « merle », c'est-à-dire un oiseau chanteur, autrement dit un futé, un malicieux, qui sait vous faire un portrait d'un homme en trois mots, se moquer du monde, sans méchanceté, notez-le bien, mais pas de tout le monde. Il ne s'en prend jamais qu'aux puissants, à ceux qui se croient, pas aux pauvres gens. Mais alors, il ne raconte jamais d'histoires d'Ankou, de charrettes fantômes traversant la lande, d'intersignes. Oh non ! Et d'abord, ces histoires-là ne feraient rire personne. C'était son père qui en racontait. Mais son père, est mort l'année passée — et que Dieu ait son âme !

Mais ne pouvez-vous me traduire ce qu'il raconte ? Oh non ! C'est trop difficile, et, traduits, ces propos n'auraient pas de saveur. Mais quel dommage que vous ne connaissiez pas le breton, malheureux Parisien que vous êtes !

Oui, c'est vrai : le malheureux ne sait pas un mot de cette vieille langue que près d'un million de personnes parlent encore dans le pays, la langue de leur père et surtout de leur mère qui la leur a enseignée dès le berceau, langue dans laquelle le pain se dit « bara » et le vin « gwin », d'où nos marquis de Versailles, blasphémateurs, ont fait « baragouiner », oubliant sans doute que le pain et le vin sont les espèces de la communion.

Lisons dans Michelet l'éloge qu'il fait des Bretons, de la Bretagne, de la langue et du génie celtiques, de l'apport de ce génie dans la culture française et générale, dès les premiers chapitres de sa grande *Histoire de France.* Ce sont là de grandes pages à la gloire d'un peuple modeste, envers qui l'histoire n'a pas toujours été ni bien tendre ni bien juste, et dont la langue a été comme proscrite. Pauvre langue bretonne, si malmenée, si méconnue et même interdite à l'école si longtemps, refusée aux petits enfants qui arrivaient là sans savoir un mot de français. Et il est bien possible que ce fut encore le cas de nos jeunes dentellières. Pourtant, ce serait un Breton de leur pays même qui serait chargé de leur enseigner la langue de Molière et de Victor Hugo, celle de la Déclaration de l'homme et du citoyen, ainsi que l'exigeait la volonté de la République une et indivisible, au nom de l'unité nationale. L'histoire a ses contradictions et ses nécessités. Il faut en passer par là ; mais en face de l'Histoire il y a la vie. Et aujourd'hui encore, n'arrive-t-il pas que parfois on entende des Bretons du pays gallo, qu'on appelle des « sots Bretons », autrement dit des Bretons qui ne savent plus leur langue, traiter de « hacheurs de paille » ceux qui la parlent encore et souvent n'en parlent pas d'autre ? On punissait autrefois les enfants qui même à la récréation se laissaient aller à parler le breton. Il semble que cette pratique ait disparu. Il n'en reste pas moins que, bien que toujours maintenue à travers les âges, bien qu'elle ait toujours eu ses écrivains, ses poètes et ses savants, elle a manqué d'une audience assez large pour se fixer autrement que par l'usage, elle s'est prolétarisée, elle est devenue une langue du travail, langue des paysans et des marins, langue de l'église aussi. C'est en breton que l'on chante dans les cérémonies des fêtes et des pardons, en breton que l'on se confesse. Un grand changement se remarque aussi par le fait que l'on entend souvent des gens du pays breton bretonnant avouer qu'ils comprennent encore le breton, mais qu'ils ne savent pas le parler. Cela vient de ce que leurs parents ne le leur ont pas enseigné. Ce qu'ils en ont appris dans leur enfance, c'est à l'office, avec les domestiques. Depuis quelques années, les choses ont un peu évolué. On enseigne le breton à l'Université. Il paraît qu'on lui a donné le droit de figurer aux épreuves d'examens tels que le baccalauréat, qu'il est aujourd'hui permis à l'école publique d'enseigner le breton aux enfants, mais qu'il ne s'agit toutefois que d'un enseignement facultatif, ce qui laisse de bien grands doutes sur l'efficacité d'un tel enseignement. Ce ne sont là, il faut bien le dire, que de faibles recours qui sont loin de répondre au souhait de certains qui rêvent d'une véritable résurrection. Faut-il se dire qu'il est trop tard ? Non sans doute. Ce que l'Histoire a voulu, elle peut aussi le changer. Il faut aussi tenir compte que, depuis fort longtemps, c'est en français que les grands écrivains bretons se sont exprimés : Chateaubriand, Renan. Pour ce qui concerne la vieille Bretagne, on ne connaît guère, en France, que les ouvrages d'Anatole Le Braz qui ne sont que la transcription des vieux contes populaires tirés des légendes de la mort tels que les a entendu raconter notre auteur par les vieilles grand-mères qui les racontaient à la veillée.

Revenons à présent à ces rencontres fortuites que l'on peut faire en se promenant au hasard comme le faisait notre photographe, à travers ce pays charmant, rencontres qui nous éclairent sur la nature et l'humeur du peuple innocent qui l'habite. Ce sera peut-être, cette fois encore, dans une auberge, où vous serez entrés par hasard - il est à peine trois heures de l'après-midi —, y ayant été attiré par des chants d'accordéon. Ce sera peut-être à Concarneau, à Douarnenez, et, pourquoi pas, à Paimpol ? Le long du quai Pierre-Loti, par exemple. A peine aurez-vous poussé la porte du café du port que vous comprendrez d'un seul coup d'œil que l'équipage du bateau de pêche que vous avez tout juste eu le temps d'apercevoir en passant amarré au quai, est là, et danse. On rentre de quinze jours de mer. On va boire un verre et danser. Les épouses sont assises et regardent, leurs petits enfants sur les genoux. A votre arrivée quelqu'un s'avancera vers vous, un petit homme en casquette et bottes courtes, qui sans vous dire un mot vous prendra par la taille et se mettra à danser, vous entraînant parmi les autres. Et si c'est sa manière à lui de vous accueillir et de vous faire honneur ?

Il y avait une fois à la correctionnelle un vagabond d'une bonne cinquantaine d'années, vêtu de velours noir, en sabots. Mais à l'appel de son nom, il ôte ses sabots, par politesse, et s'avance vers le tribunal. Le président du tribunal procède à l'interrogatoire d'identité, puis :

« Vous êtes accusé d'avoir voulu voler un cheval. Qu'avez-vous à dire pour votre défense ? »

Le vagabond :

« Oh ! Moi ? Moi, Monsieur le Président ! Voler un cheval ? Oh, ça m'étonne, Monsieur le Président. Moi ? non ! non ! »

Avec le plus bel accent finistérien du monde. Le président ne bronche pas. Il attend. Le vagabond reprend :

« Oh non ! mon Président, non ! Ça m'étonne. Moi, j'allais comme ça sur la route, n'est-ce pas, et voilà qu'il y avait dans un pré un petit cheval. Il m'a entendu marcher, le mignon, et il a tiré son museau par la haie, le joli. Et moi je lui ai dit : Tu es tout seul dans le pré, donc ? Tu dois t'ennuyer comme ça donc ! Viens avec moi si tu veux, je vais t'emmener aux courses. Voilà tout, Monsieur mon Président. Mais moi, voler un cheval, oh, non, non, non, Monsieur mon Président, ça m'étonne ! »

Les vagabonds et les mendiants sont peut-être aujourd'hui un peu moins nombreux en Bretagne qu'ils ne l'étaient au début du siècle, mais ils sont toujours accueillis d'un village à l'autre, avec le même respect. On les trouve aux portes des églises, dans les pardons et les fêtes religieuses, souvent infirmes, se soutenant sur leurs béquilles, aveugles, parfois accompagnés et conduits par des enfants.

On dit qu'il ne faut pas se moquer de « nos seigneurs les pauvres » et nul n'a jamais failli à ce principe. Est-ce pour rien, est-ce par hasard si la Bretagne a pour patron saint Yves, défenseur des avocats de partout au monde ? Chaque année des avocats de tous les pays se rendent à Tréguier lors du pardon annuel qui a lieu le 19 mai, en mémoire de la naissance d'Yves Helary qui allait devenir saint Yves. C'est l'une des plus grandes fêtes de l'année, avec le pardon de sainte Anne d'Auray, mère de la Vierge, et patronne de la Bretagne.

Prenons garde toutefois à ne jamais oublier que si Monsieur saint Yves est bien, en effet, le patron des avocats, le défenseur des pauvres, de la veuve et de l'orphelin, il est avant tout saint Yves de vérité, et qu'en cette qualité ses jugements sont redoutables. Ce qui veut dire qu'au cas où vous seriez en procès avec quiconque, que vous juriez de dire la vérité, que, de son côté, votre adversaire en fasse autant, et que l'on provoque les deux plaignants à prononcer le même serment devant la statue de saint Yves, celui des deux qui aura menti mourra infailliblement dans l'année.

On dit volontiers aujourd'hui, un peu vite nous semble-t-il, que la vieille Bretagne disparaît de jour en jour, que la civilisation moderne la défigure, qu'elle n'est plus ce qu'elle était encore dans les années 1911 et 1912 et que, du train où vont les choses, elle ressemblera bientôt à n'importe quel autre pays industrialisé.

Certes, bien des choses ont changé au cours du siècle, et surtout depuis la fin de la Deuxième Guerre mondiale. On a rasé les talus, arraché les pommiers — pour les replanter d'ailleurs un peu plus tard —, certaines coiffes ont disparu, les autoroutes ont bouleversé bien des choses, mais les Bretons eux-mêmes ont-il changé ? Ne restent-ils pas aujourd'hui encore les mêmes que ceux dont parlait Chateaubriand qui les peignait comme des gens « doués d'une imagination vive et néanmoins mélancolique, d'une humeur aussi mobile que leur caractère est obstiné » ?

Leur patience est grande, ils savent supporter bien des choses tout en les jugeant, ils savent attendre, ce qui explique qu'on les croit parfois passifs. Ils ont leur monde à eux, que rien ne peut entamer.

Que les Bretons ne soient pas, comme le dit encore Chateaubriand, tout à fait comme les autres, qu'« ils se distinguent par leur bravoure, leur fidélité, leur esprit d'indépendance », cela est vrai aujourd'hui comme cela l'a toujours été. Ils aiment par-dessus tout la justice et s'il est vrai, toujours selon Chateaubriand, qu'« ils sont sans ambition et peu faits pour la cour », ils ont su, quand il le fallait, se révolter farouchement contre l'injustice qui leur était faite.

Tout peuple silencieux et laborieux qu'ils étaient, ils surent refuser la soumission qu'exigeait d'eux le roi de France Louis XIV en personne, comme en témoigne la révolte des Bonnets rouges, qu'on appelle aussi la révolte du sel, ou encore la révolte du papier timbré. Les récits qu'en font les historiens, les documents de l'époque qu'ils citent (1675) montrent à quel point de violence allèrent les choses, autant dans les villes que dans les campagnes, de Nantes jusqu'à Rennes.

L'excès des impôts qu'exigeait le roi explique ce soulèvement : impôts sur le sel, le tabac, la vaisselle d'étain, le papier timbré. Tout commença, au mois d'avril de cette année 1675, par de sérieuses émeutes à Rennes au cours desquelles le bureau où se vendait le tabac fut pillé de même qu'un autre bureau où l'on enregistrait les actes des notaires et les exploits d'huissiers. Pillés et incendiés. Ce qui n'alla pas sans morts et blessés. De Rennes, la révolte se répandit par tout le pays, gagna les campagnes où quelques châteaux brûlèrent. Elle devint bientôt générale, sans qu'il fût encore possible aux forces du roi de la dominer.

Cependant les mêmes forces se préparaient patiemment pour la répression. Vers le mois de septembre, dix mille hommes en armes entrèrent dans Rennes, et, dès lors, commencèrent dans Rennes, puis dans toute la Bretagne, les arrestations, les jugements, les pendaisons le long des routes, les supplices qu'on fit subir à ceux qui furent désignés comme les chefs de la révolte. A Rennes, les habitants de tout un quartier furent chassés de chez eux et le quartier brûlé. Le Parlement de Bretagne qui siégeait dans la capitale fut exilé à Vannes.

Un illustre témoin de ces temps malheureux, Mme la marquise de Sévigné, qui séjournait alors dans sa résidence des Rochers près de Rennes, écrit dans une de ses fameuses lettres, à la date du 20 octobre, que « cette province est rudement punie et au point de ne s'en remettre jamais ». Et, quelques jours plus tard (le 30 octobre), « on roua avant-hier un violon qui avait commencé la danse et la pillerie du papier timbré ; il a été écartelé après sa mort et ses quatre quartiers exposés aux quatre coins de la ville... On a pris soixante bourgeois ; on commence demain à pendre ». Les horreurs de la répression commencèrent à s'atténuer vers la fin du mois de novembre et Mme de Sévigné peut écrire : « Nous ne sommes plus si roués : un en huit jours seulement pour entretenir la justice. Il est vrai que la penderie me paraît maintenant un rafraîchissement. »

Les fervents de la télévision française auront pu récemment assister à l'adaptation d'un roman du célèbre auteur populaire Paul Féval, inspiré d'événements qui se produisirent en Bretagne moins de cent ans après la révolte des Bonnets rouges. Il s'agit de *Loup blanc,* chef de paysans vivant dans la forêt et menant la même lutte que leurs aïeux contre les troupes du roi, attaquant les convois qui transportaient jusqu'à Paris les coffres remplis de l'or collecté pour les impôts. Bien que l'imagination de Paul Féval, breton de naissance — il est né à Rennes —, soit d'une grande fertilité, elle ne s'exerce cependant que dans les intrigues qu'il invente, mais elle se fonde sur des faits réels, qui n'étaient d'ailleurs pas particuliers à la Bretagne, mais se retrouvaient partout en France, au XVIIIe siècle, et dont les héros les plus connus dans l'histoire furent les « brigands » Mandrin et Cartouche, qui menèrent une guerre sans merci aux grands collecteurs d'impôts, raison pour laquelle ils périrent sur la roue.

Quel rôle jouèrent les femmes, et par conséquent nos jeunes dentellières, ou leurs grands-mères, dans ces actions hardies au cœur de la forêt bretonne ? Un rôle assurément considérable, souvent décisif, comme on allait le voir quelques années plus tard dans les guerres de la Chouannerie, et, plus près de nous, dans les campagnes au cours des années 1933 et suivantes, aux pires moments de la première crise mondiale, quand on vendait aux enchères les outils et les bêtes des pauvres paysans qui n'avaient plus de quoi payer leurs fermages. Dans bien des cas, ce furent les femmes — c'est-à-dire les filles de nos paisibles dentellières — qui menèrent la danse. Dans la cour de la ferme où, abandonnant leur travail quel que fût le jour de la semaine, cent, deux cents paysans et paysannes s'étaient rassemblés pour s'opposer à la vente que l'huissier prétendait mener, les femmes s'enhardissant se saisirent de l'huissier, le déshabillèrent et le renvoyèrent tout nu dans ses foyers. Au mépris de la gendarmerie qui entourait la ferme, et tentait en vain de contenir l'émeute. Comme quoi il ne faut pas trop se fier à l'angélique douceur de leur visage. Cette douceur recouvre une capacité entière de passion, de volonté et de résolution qui ne marchande jamais. Et que dire du rôle qu'elles jouèrent plus tard encore, allant jusqu'au sacrifice d'elles-mêmes dans les terribles années de la lutte contre l'occupant nazi ? Ces dentellières apparemment si paisibles !

Honoré de Balzac, dans l'un de ses romans, *Béatrix,* parle d'un « amour breton » c'est-à-dire d'une manière propre aux Bretons d'aimer qui ils aiment, assez romantique peut-être, entière, unique, qui ne peut être que la manière dont Tristan et Iseult se sont aimés.

Balzac a toujours parlé avec honneur et respect des Bretons, dans *Les Chouans,* bien sûr, le premier de ses grands ouvrages qui ouvrit la merveilleuse série de ceux qui allaient constituer son admirable *Comédie humaine.*

Certains pensent, et Proust le dit, qu'il faut déconseiller à certaines âmes sensibles de s'exposer à un certain charme propre à la Bretagne qui, pour elles, pourrait être pernicieux. Il n'est pas certain qu'ils aient tort, il n'est pas sûr non plus qu'ils aient raison. La vérité est peut être dans l'entre-deux. Assurément, il existe un « sortilège » breton, et bien des gens qui ne sont venus en Bretagne que pour quelques jours de vacances s'y sont laissés prendre au point qu'ils sont revenus, qu'ils n'ont plus eu de repos qu'à partir du moment où ils s'y sont installés pour y rester jusqu'à la fin de leur vie, dans la douceur mélancolique partout répandue dans ses paysages.

Si les Bretons sont des gens vigoureux, souvent durs à eux-mêmes, il n'est pas faux de dire qu'ils sont le plus souvent désintéressés, sans ambition de grandes « réussites » dans le monde. On les croit modestes ; cette modestie ne provient que d'un dédain un peu hautain des vanités, de tout ce qui n'intéresse pas ce que les religieux appellent le salut. N'est-ce pas là ce qui distingue certains de ses grands poètes, Villiers de l'Isle-Adam, Tristan Corbière, le philosophe Jules Lequier, qu'un autre philosophe, lui aussi breton, Jean Grenier, étudia et dont il publia les œuvres ?

Jean Grenier parle d'un « mal celtique » qui se définirait non seulement par une volonté de se tenir à distance à l'égard du monde, mais plus encore par la condamnation et le refus. Autrement dit par une sorte d'impossibilité de s'accommoder tant avec le monde qu'avec le ciel. N'est-ce pas ce que l'on voit dans les destins de Villiers de l'Isle-Adam, de Tristan Corbière, dans celui de Jules Lequier qui entra dans la mer un jour, sur les cinq heures du soir, et se mit à nager vers le large en se disant : « Si Dieu veut me sauver, il me sauvera. » Et Dieu ne le sauva pas.

Tel peut être un des aspects de l' « âme bretonne », un autre est la colère et la révolte. Si les images qui constituent ce recueil ne sont que des images d'un peuple paisible au travail, tout occupé des besognes quotidiennes, des marchés et des foires, des pardons, si l'on se souvient des années dont elles datent — 1911, 1912 —, comment ne pas se sentir le cœur serré en pensant à ce qui attendait ces innocentes dentellières, ces pêcheurs, ces paysans, et qui n'allait pas tarder à fondre sur le monde ? La guerre, le vieux fléau auquel on ne pensait plus et qu'il allait falloir combattre. Chacun sait que les Bretons ont toujours été de très bons soldats, raison pour laquelle les états-majors les firent donner un peu plus souvent qu'à leur tour, dit-on. Il y avait si longtemps en 1914 qu'ils avaient oublié la guerre, à l'exception de certains marins qui s'étaient trouvés mêlés à des opérations coloniales ! Pour le reste, les derniers souvenirs qu'ils pouvaient en avoir n'étaient guère que les récits de leurs grands-pères. La guerre de 1870 que Napoléon III avait cru faire aux Prussiens allait bientôt dater de quarante ans. C'est là plus de temps qu'il n'en faut pour que se fasse un grand silence dans la mémoire d'un peuple. L'époque qui succéda aux années du désastre et qui commença pourtant par la Commune, mérita bientôt le nom de « Belle Epoque », à la fin de laquelle les hommes partirent pour la guerre, laissant les femmes au pays où elles s'employèrent de leur mieux aux travaux de la ferme.

Si nous revenons une fois encore à cet idyllique tableau des jeunes dentellières groupées si innocemment au pied des arbres, nous pouvons bien nous demander laquelle d'entre elles deviendra Françoise, l'héroïne de l'ouvrage que Pierre Champion écrivit en 1919 et qui parut au mois d'août 1924 dans la célèbre collection des « Cahiers verts » publiés sous la direction de Daniel Halévy aux éditions Bernard Grasset.

C'est un ouvrage qui a sa place dans la bibliothèque des livres d'époque, on pourrait presque dire des documents, ou dans la bibliothèque des « témoignages », bien que ce soit là un terme dont on a abusé au point de l'affadir et de le rendre assez suspect. Quoi qu'il en soit, c'est un livre d'historien, mais d'un caractère assez particulier dans la mesure où son auteur est un historien de métier, un « savant », un passionné connaisseur du passé français resté dans la guerre ce même historien, ce même « connaisseur ».

C'est ainsi que Daniel Halévy parle de Pierre Champion, dans une brève note liminaire qui sert d'introduction à l'ouvrage. Dans la guerre, l'historien devient le lieutenant Pierre Champion, il a pour ordonnance un paysan de Guiclan, près de Guimilhau, dans le Finistère. Ce paysan s'appelle Denis. Il a laissé au pays sa femme Françoise et ses trois enfants.

Entre le lieutenant et son ordonnance se développe une amitié faite de part et d'autre d'estime et de respect, du profond sentiment qui peut unir des hommes précipités dans le même mortel univers, comme on peut l'être dans la tempête de neige à travers laquelle luttent vainement les héros de l'admirable récit de Tolstoï : *Maître et Serviteur*. A cette différence près qu'il s'agit ici d'une tempête de fer et de feu qui va durer pendant des mois et des années, cependant que Françoise, aidée par deux petits domestiques, Jean-Marie et Jean-François, qui ne sont encore que des enfants, devra jour après jour accomplir le travail de la ferme, remuer la terre des champs, planter, semer, récolter, soigner les bêtes, tout maintenir en état, du mieux qu'elle pourra, afin que son cher Denis à qui elle écrit presque tous les jours, quand il rentrera chez lui la guerre finie, y retrouve les choses à peu près comme il les aura laissées en partant. A cette autre différence près qu'il ne s'agit pas là d'une fiction, que Denis et Françoise ne sont pas nés de l'imagination d'un écrivain, mais qu'ils sont l'un et l'autre des êtres réels et profondément liés ensemble.

Denis mènera son « travail » de soldat avec la même patience et le même sang-froid qu'il menait jusque-là son travail de laboureur. Il ne se plaindra guère. De son côté, Françoise, tout en lui avouant sa fatigue, tout en ne lui cachant pas le désespoir dont elle s'est trouvée saisie le jour où ses deux petits domestiques ont voulu la quitter, ayant trouvé à gagner un peu plus d'argent ailleurs — ces deux petits domestiques qu'elle aime comme ses propres enfants et qui l'aiment, mais comment quand on est pauvre, peut-on résister à gagner un peu plus ? Françoise, elle aussi, est pauvre. Et la vie est devenue bien chère, les engrais et tout ce qu'il faut d'argent pour l'entretien de la ferme sont si considérables que c'est à peine si elle pourra offrir à ses deux petits domestiques la même somme qu'on leur propose ailleurs. Finalement elle le fera, les petits domestiques ne la quitteront pas. Tout sera sauvé. Mais bientôt, elle tombera malade, elle maigrira, perdra l'appétit, ce qui ne l'empêchera pas pas d'aller aux champs tous les jours et d'y travailler du matin au soir, par tous les temps et toutes les saisons, poursuivant ainsi pas à pas son calvaire qui trouvera son point culminant le jour où la nouvelle lui arriva que son cher Denis a été tué devant Villette, dans l'Oise, le 31 août 1918, quelques semaines avant l'armistice.

Nous ne pouvons faire mieux, pensons-nous, pour achever cette trop rapide « divagation » bretonne, que d'invoquer deux poètes de cette patrie, dont l'un sera Tristan Corbière, né à Morlaix en 1845, mais qui vécut sa courte vie à Roscoff et mourut en 1875 : il avait trente ans. C'est à Verlaine qu'on doit le recueil de poèmes que laissait Corbière : *Les Amours jaunes.* C'est en effet Verlaine qui fit connaître Corbière, longtemps après sa mort, en l'incluant au nombre de ses « poètes maudits ». Extrayons d'un de ces poèmes quelques strophes, mais souvenons-nous d'abord que Corbière fut toujours un passionné de la mer et qu'il vécut ses dernières années à bord de son bateau. Voici donc comment il répond au fameux « Oceano Nox » de Victor Hugo invoquant ces marins, ces capitaines

Qui sont partis joyeux pour des courses lointaines,
Dans ce morne horizon se sont évanouis !
Véhémente réponse de Corbière :
Eh bien, tous ces marins-matelots, capitaines,
Dans leur grand Océan à jamais engloutis...
Partis insoucieux pour leur courses lointaines,
Son morts absolument comme ils étaient partis.
Allons ! c'est leur métier ; ils sont morts dans leurs bottes !
Leur *boujaron* au cœur, tout vifs dans leurs capotes...
Morts... Merci : la *Camarde* n'a pas le pied marin ;

Eux, allons donc : Entiers ! enlevés par la lame,
Ou perdus dans un grain...

Pas de fond de six pieds, ni rats de cimetière :
Eux, ils vont aux requins. L'âme d'un matelot,
Au lieu de suinter dans vos pommes de terre,
Respire à chaque flot.

L'autre poète dont nous voulons invoquer la mémoire est Max Jacob, né à Quimper, mort à Drancy en 1944, où les Allemands l'avaient déporté :

Terre où pourrit le péché et l'erreur
Terre où la vie dure quelques heures
Te quitter est le seul espoir que me laissent mes terreurs
Serré au cœur de mes hontes
Chaque coup où je respire
C'est à te quitter qu'aspire
Celui qui ne sait bâtir que les autels du malheur
Rien de rien ne me console
Tout se transforme en devoir
Où je m'y jette ou je m'y colle
En janvier j'attends décembre et chaque matin le soir
Or, depuis mon saint baptême
J'attends plus ferme encore le balai noir de ma mort
Il poussera jusqu'au port du rassurant paradis
Mes fatigues et mes peines
Qui m'y comptent du crédit.

Ce poème date de 1925 : le balai noir de ma mort !

Louis Guilloux

Élements biographiques concernant Charles Lhermitte (1881-1954).

1881 Le 7 octobre naît Charles Augustin Lhermitte, deuxième fils du peintre Léon Lhermitte et de son épouse Héloïse Goudard. Le parrain de l'enfant est le peintre Jean-Charles Cazin.

1882 Léon Lhermitte devient célèbre grâce à sa toile *La Paye des moissonneurs*. L'État l'achète pour le musée du Luxembourg.

1886 Portrait de Charles par son père qui l'expose à la Société des Aquarellistes.

1887 Illustration par Léon Lhermitte de la *Vie rustique* d'André Theuriet. L'écrivain et le dessinateur veulent fixer pour les générations futures l'image du paysan qui disparaît :
«L'industrie mettra la main sur ces champs, sur ces prés... où la petite culture agonise. L'usine remplacera la ferme. Les bois feront place à des champs de betteraves. On n'épargnera pas les arbres épars dans les champs ni les haies verdoyantes. Tout ce qui n'est pas d'une utilité directe disparaîtra. Tout sera réglé, spécialisé, comme dans une gigantesque usine...»

1889 Camille Claudel, élève d'Auguste Rodin, sculpte une tête de Charles.

1899 Charles entre au laboratoire de chimie appliquée à la Faculté des Sciences, quelques années après reçoit le titre d'ingénieur chimiste. Il se passionne pour la photographie et la musique (il possède un piano mécanique).

1900 Charles commence à photographier: divers pavillons de l'Exposition universelle et la foule qui s'y presse.

1902 Voyages et photographies en Hollande, Italie (Venise, Vérone, Pavie) en compagnie de son père et de David-Nillet (élève de Léon Lhermitte).

1903 Photographies de Plombières et de Thiers à l'occasion d'un séjour près de son père qui se repose dans la région.

1905 Léon Lhermitte est nommé membre de l'Institut. Les honneurs ne le détournent pas de son inspiration première: les paysans de son village natal

(Mont-Saint-Père dans l'Aisne), dont il retrace les diverses activités agricoles. Cette «retraite» ne l'empêche point d'être en rapport avec de nombreux artistes de son époque tels que Rodin, Dalou, Fantin-Latour, Cormon, Roll, Gigoux, Meunier, Detaille, Carrière, Béraud, Aman, Jean, Moreau, Nelaton, Diaghilev...

1906 Robert Demachy publie avec le commandant Puyo *Les Procédés d'art en photographie.* L'auteur dédicace son livre à Léon Lhermitte en ces termes: «Témoignages de reconnaissance au maître pour ses précieux conseils.»
Deuxième voyage en Italie.

1908 Voyage et photographies de Saint-Jean-de-Luz.

1909 Dans le numéro de juillet de *Lectures pour tous,* Léon Lhermitte parle des rapports entre la photographie et l'art.

1910 Charles se fixe définitivement dans l'atelier (que son père quitte) à la «Villa des Arts», 15 rue Hégésippe-Moreau. Grand «reportage» sur Paris inondé.

1911 Premier voyage en Bretagne d'où Charles rapporte une série de vues sur le pays, ses habitants et leurs coutumes spécifiques. (Concarneau, Doelan, Fouesnant, Penmarc'h, Pont-l'Abbé, Trégunc, Loctudy, Beig-Meil, Locmariaquer, Pont-Scorff, Parcé, Hennebont, Kerdallé, Quimperlé, Redon, Guingamp, Chateaubriant.) Ces scènes sont d'un très grand intérêt car elles évoquent la Bretagne d'avant 1914, non touchée par la société industrielle.
Trouville et Honfleur.

1912 Publication d'une photographie «Vue de Vannes», de Charles, dans «Photograms of the year 1912», extrait du *The Annual Review of the World's Pictorial Photographic Work,* édité par F. J. Mortimer à Londres. Charles fait partie officiellement de l'école pictorialiste en photographie. Séjour de Charles chez Robert Demachy à la ville San Carlo à Villers-sur-Mer. Quelques excursions vers Deauville et Trouville permettent à Charles de photographier des baigneuses et de réaliser des études de vagues.
Voyages et photographies à Cagnes et Grasse (vue des villages provençaux).
Deuxième voyage en Bretagne ou il rend visite à David-Nillet au Faouët. Les autres étapes de son périple sont Fougères, Carhaix, Douarnenez, Concarneau, Vitré, Ploërmel, La Rochelle. Dans cette dernière ville, Léon Lhermitte retrouve son fils et tous les deux fixent, soit par le pastel soit par la photographie, les diverses activités du port.

1913 Troisième voyage en Bretagne. Longue série de photographies sur le marché aux chevaux du Faouët.
Nombreuses photographies sur le Paris pittoresque et quotidien.

1914 Avril, voyage en Italie.

1916 Séjours fréquents à Bourges où sa famille s'est réfugiée. Jusqu'en 1918, Charles fait partie de la section des études chimiques de guerre au laboratoire municipal de chimie, 2 quai du Marché-Neuf.

1918 Photographie montrant le dégagement des sculptures de Notre-Dame à Paris, après la fin de la guerre. Versailles et les Trianon séduisent Charles qui les photographie longuement.

1919 «Reportage» sur les désastres de la guerre dans l'Aisne. Photographies au cours de voyages en Provence, Dauphiné, Avignon et à Rouen.

1920 En compagnie de robert Demachy, Charles réalise une série d'études de modèles nus ou habillés, à Croissy sur les bords de la Seine, ou dans son atelier, costumés. Voyage dans le Midi de la France.

1921 Voyages et photographies en Italie.

1922 Séjour à Dreux, Nice, puis excursion en Auvergne et le Dauphiné.

1925 27 juin, Charles épouse Sarah Blanche Desterne. Séjour à Mont-Saint-Père (pays originaire de la famille) où Charles exécute des «paysages animés» (bergers, moutons, labourage).

1945 30 décembre, mort de Charles dans son atelier de la «Villa des Arts».

Charles Lhermitte, artiste-photographe

En 1911, à trente ans, Charles habite les ateliers de peintre de la Villa des Arts que vient de lui laisser son père Léon Lhermitte, peintre célèbre, reconnu par ses pairs, commandité par l'État et les grands collectionneurs. Charles a pour voisin de palier Robert Demachy, l'un des photographes les plus en vue de l'époque et le théoricien, avec Camille Puyo, des *Procédés d'art en photographie.*

La photographie est-elle un art? Déjà posée en 1897, dans *La Revue des Deux Mondes,* cette question est plus que jamais d'actualité : en 1910, les artistes-photographes, les « pictorialistes » comme disent les Anglais, relèvent brillamment le défi... On peut reconnaître, avec les amateurs d'art du Salon, que les images exposées au Photo-Club ont une belle matière, « la profondeur de l'eau forte et la transparence du lavis ».[1]

Les salons ont un succès étonnant, celui de Londres s'enorgueillit de plus de dix mille visiteurs, à Paris vous entrez sur carte d'invitation ou avec la complicité du concierge si vous êtes un habitué du Photo-Club... plusieurs milliers de cartes furent envoyées. Du 27 avril au 17 mai 1910, les meilleurs artistes de France exposent au quatorzième Salon international de photographie du Photo-Club de Paris, dans les salons du Cercle Artistique et Littéraire du n° 7 de la rue Volney. De Charles Lhermitte on peut voir: *La Collation, Au verger, Au bord du puits, Halte;* de Robert Demachy: *Portrait du peintre Léon Lhermitte* et un *Paysage breton;* de Camille Puyo : une *Procession à Pont-l'Abbé...* Les épreuves « interprétées », à la gomme ou aux encres grasses, sont particulièrement réussies: les blancs ont conservé la fleur du papier, les sépias et les bistres sont veloutés et les noirs transparents sont dits profonds.

Les exposants appartiennent à l'élite de la société bourgeoise, leur nombre n'a pas augmenté au salon de 1912 ; les organisateurs se réjouissent d'accueillir de nouveaux venus : des jeunes gens, tous employés au Bon Marché, à La Belle Jardinière et à La Samaritaine, qui partagent leur temps de loisir entre le football, le hockey et l'art photographique. Leurs travaux sont très prometteurs... « Il y a dix ans, des jeunes gens de cette classe n'auraient participés ni à ces jeux de plein air ni à quelque forme d'art que ce soit. »[2]

Une présentation de cent vingt autochromes prouvent l'aptitude qu'offrent ces diapositives couleur à être « interprétées », au point que Robert Demachy s'écrie : « Nous vivons dans un monde merveilleux, et je ne désespère pas de rencontrer un jour ou l'autre une école de cubistes autochromistes...[2] » En fin de salon, le procédé Utocolor est présenté aux membres des Sociétés françaises de photographie venus de province. Et les banquets succèdent aux conférences et aux travaux pratiques, à Versailles, Compiègne et près du Vieux Montmartre les banquets succèdent aux travaux pratiques et aux conférences: C. Puyo décrit ses objectifs anachromatiques, c'est-à-dire non corrigés au point de vue des aberrations chromatiques: «le flou chromatique respecte les lignes en les estompant,»[3] il a plus de qualité que le flou de mise au point... Un objectif corrigé «a l'âme d'un officier ministériel en mal de constat»[3]. Et la dernière phrase de C. Puyo est très applaudie: «...faire de la photographie avec art est une chose, faire de l'art au moyen de la photographie en est une autre»[3]. La photographie des amateurs éclairés se porte le mieux du monde, et les Salons voient leurs plus beaux jours.

Charles apprend très tôt à se méfier de la photographie qui pourtant le passionne: déjà son père ne lui accorde aucun crédit, ni pour observer, ni pour exprimer le mouvement: «Méfiez-vous de la photographie... il y a une foule de choses que l'on ne peut pas prendre d'après nature... mais d'après une mémoire artistique développée. La photographie c'est le mouvement arrêté, fini, mort...» Charles n'ignore pas non plus que les attaques de Demachy contre l'image photographique qui «perdit pour certains beaucoup de ses charmes. Ils virent indigente la finesse de sa matière, excessive la minutie de son analyse... Elle leur apparut telle qu'elle était: servante docile et sûre aux savants, revêche et infidèle aux artistes... L'épreuve fournie par le négatif peut être correcte au point de vue documentaire, il lui manquera les qualités constitutives de l'œuvre d'art tant que le photographe n'aura pas su les y introduire... elle ne devra son charme artistique qu'à la façon dont l'auteur pourra la transformer»[2].

Charles ne pouvait donc qu'adhérer au mouvement «pictorialiste» en devenant le disciple de Robert Demachy, son aîné de vingt ans: il apprend la technique de tirage des papiers à la gomme qu'il exposera périodiquement à la Villa des Arts. Ces *Paysages d'Automne* tirés en sépia, ces *Nus* en sanguine ou ces *Études en gris* présentent une image apparente qui n'est pas obtenue par du métal réduit, le bromure d'argent, mais par une poudre de matière colorée: du noir de bougie ou de fumée, du rouge de Venise, de la terre de Sienne, de la terre d'ombre brûlée et du brun Van Dyck... une palette en tous points comparables à celle du dessinateur ou du graveur.

Ce savoir sur la belle matière, les pigments et les contrastes, Charles le tenait déjà de son père: il l'avait si souvent vu «croquer» les moissonneurs à Mont-Saint-Père, les lavandières ou les glaneuses, réchauffer un noir de bougie en ajoutant une pointe de bistre ou le bleuir avec une pointe d'indigo, obtenir des noirs profonds en appliquant le pastel en hachures finement espacées, ce qui lui donne de la transparence. Charles n'ignorait pas la préférence de son père pour les papiers «à la cuve», nus, non brossés, dont le blanc mat porcelaine a conservé toute sa fleur et constituera le blanc extrême de l'image. Robert Demachy, lui aussi, avait reçu «de précieux conseils»[4] du peintre Léon Lhermitte dont il admirait tant les fusains.

Ainsi Charles, chimiste de métier, s'initie au procédé de tirage à la gomme qui n'utilise pas de réactions chimiques: les pigments choisis sépia, bistre ou sanguine, mélangés à la gomme bichromatée, forment une pâte sensibilisée, qui est étendue sur un papier choisi en fonction du sujet: papier lavis, Canson, Ingres ou papier à aquarelle. En contact avec le négatif, la feuille impressionnée à la lumière du jour est «dépouillée» dans une cuvette d'eau durant une bonne heure... le temps nécessaire à l'opérateur pour «interpréter» l'image redessinée au pinceau ou revalorisée à l'eau chaude.

Cette œuvre faite à la main, qui rivalise d'aspect avec le fusain, le lavis, la gravure ou le pastel, sera-prévue au moment de la prise de vue: le sujet, son éclairage, sa texture, son ornementation, les lointains seront choisis et mis en scène de telle sorte qu'ils puissent se «pictorialiser».

Afin de préparer son exposition à la galerie Volney et présenter un choix à la revue *Photograms of the Years,* Charles Lhermitte, en 1911, choisit la Bretagne: il imagine déjà la rencontre miraculeuse du blanc porcelaine des papiers et du blanc immaculé des coiffes bretonnes, l'alliance préméditée de la teinte bistre avec les schistes ou les granits, le rendu des draps et des velours des costumes bretons par les noirs bleus ou les noirs chauds veloutés. Les accents et les fonds dorés de la lumière seront traduits par la teinte sépia.

Sur le terrain, Charles se souvient de son père et du temps ou il l'accompagnait dans les champs autour de Mont-Saint-Père: «J'avise un homme qui fauche bien et alors je ne le lâche plus; deux heures, trois heures de suite avec lui, je vais, je viens, je le suis pas à pas. Je le regarde de près, de loin, je tache de saisir le rythme du mouvement, la cadence..., etc.»[5] Ainsi Charles prend la même scène de différents points de vue, à différents moments. Il ne lâche plus le modèle tant qu'il n'a pas composé son tableau, le pré-voyant en noir et blanc, pour «la satisfaction sensorielle de l'œil»[1]. L'effet «du motif central»[1] va dépendre de la disposition des ombres et des lumières.

Charles sait aussi que l'instantané casse un mouvement plutôt qu'il ne le révèle: dans ses études de groupes humains constitués naturellement, à l'occasion de travaux faits en commun, d'un marché ou d'une procession, le mouvement provient autant des lignes de forces très marquées de la composition que de l'expression de la vie intérieure qui anime les personnages tout comme les paysans peints par Jean-François Millet. La gaieté coutumière de Charles le porte à voir de façon fine et amusée: ils vendent, achètent, se racontent les derniers potins du village... ils vont et viennent chargés de fardeaux ou drapés dans des attitudes hautaines dues à leur rang ou à la rigidité des costumes du dimanche... les pauvres sont là à genoux introduisant par leur présence les enfants dans la crainte de Dieu et faisant briller avec plus d'éclat les gens de bien.

Avant tout il s'agit de voir en peintre paysagiste. Charles n'ignore pas les œuvres de John Sell Cotman et de John Crome, celles de John Constable qui écrit: « C'est l'affaire du peintre de ne pas rivaliser avec la nature en rapportant un paysage, une vallée... sur une toile de quelques pouces; mais de faire quelque chose de rien, et dans la tentative qu'il en fait, presque nécessairement, de trouver la poésie. »[6] La lumière des photos de Bretagne vient souvent du fond de l'image, comme dans les tableaux de Georges Michel de l'École de Barbizon, les formes et les personnages simplifiés apparaissent en contre-jour, se dessinant en sombre sur fond clair et donnant au paysage sa profondeur. L'atmosphère est bien traduite par l'objectif anastigmat, le Dagor, de chez C.P. Goertz, dont Charles écrit: « Il donne une image fine et bien nette, respecte les plans et le relief en conservant cette atmosphère lumineuse qui baigne toutes choses et cela d'une façon d'autant plus accusée qu'elles se trouvent plus éloignées. »[7] La pellicule orthochromatique, qui ne peut rendre aucun ciel, étant peu sensible au jaune, satisfait moins le photographe dans sa recherche « d'images modelées, délicates et aériennes »; elle permet toutefois, avec ses seize degrés Scheiner, de travailler avec un appareil 9/12 tenu à la main, dit « instantané ». Cet appareil, appelé « jumelles » est constitué par « un corps en bois à l'avant duquel se trouvent l'obturateur et l'objectif, et à l'arrière un magasin de douze plaques en verre. Ce système rigide a le grand avantage d'être constamment prêt pour saisir un sujet fugitif ou imprévu, et surtout de permettre de faire une série de clichés »[7].

Si Charles Lhermitte est venu en Bretagne pour faire œuvre d'artiste, en exprimant son tempérament par « l'interprétation de la nature »[3], comme le lui conseille son ami Camille Puyo, il apparaît que ses intentions évoluent dans un sens différent: dévoré par la passion de voir, de tout saisir, il n'a de cesse de tout photographier au cours de ces trois voyages successifs.

Le propos de Charles se révèle alors dans toute son évidence: témoigner de la vie extraordinaire de ce peuple breton. La signification de ce qui est perçu peut et doit être révélé clairement à tous. Beaucoup de ces hommes photographiés vont être tués à la guerre 14-18, et les veuves renonceront à la vie traditionnelle... Dernier témoignage de cette société qui va disparaître, ce grand reportage, prend aujourd'hui son sens véritable.

Michel Cambazard

1 *Procédés d'art en photographie.* Robert Demachy et C. Puyo, 1906; édité par le Photo-Club (44, rue des Mathurins).

2 Préface française de R. Demachy pour la revue anglaise *Photograms of the year.* 1911.

3 *Les Objectifs anachromatiques* de Pulligny et C. Puyo

4 « Témoignage de reconnaissance au Maître pour ses précieux conseils » dédicace signée Robert Demachy en tête du livre *Procédés d'art en photographie* offert à Léon Lhermitte.

5 *Léon Lhermitte* de Monique Le Pelley Fonteny.

6 Lettre de John Constable à son ami l'archidiacre Fisher.

7 Textes de Charles Lhermitte pour un projet de livre sur la photographie.

Légendes :

Couverture : Concarneau 1911

Entre les quais où se groupent quelques pêcheurs et ouvrières (reconnaissables à leur coiffe de travail) et les épais remparts de la ville close, sont mouillés les thoniers, pour la plupart armés par les marins de l'île de Groix. Les pêcheurs locaux se consacrent à la pêche à la sardine.

25 - Douarnenez 1911

En suivant le chemin creux qui quitte le hameau de Plomarc'h, deux jeunes filles brodent un entre-deux en filet.

26 - Douarnenez 1912

Sur les coteaux de Plomarc'h, d'où l'on surplombe la baie de Douarnenez, des dentellières portent la coiffe de filet brodé avec un ruban de satin qui se noue à l'arrière.

27 - Pont-l'Abbé 1911

Assises sur les vieilles pierres, restés de l'église Saint-Jacques du Lambour (faubourg de Pont-l'Abbé) des fillettes et jeunes filles font de la dentelle. Les premières, cheveux au vent sont coiffées du béguin sans gland tandis que les aînées portent la coiffe bigoudène. Dans ce sanctuaire a lieu, tous les lundis de la Pentecôte, le Pardon des Enfants.

28 - Concarneau 1911

Sur le pas de la porte, des jeunes filles font du crochet et tricotent. La tête est couverte de la coiffe à «ailes». La collerette plissée, blanche, égaie la robe de velours et de drap noir.

29 - Douarnenez 1911 (environs)

Près de leur maison de pierre et de chaume, trois fillettes, coiffées de leur «filet» traditionnel, font au crochet de l'entre-deux d'Irlande.

30 - Douarnenez 1911

Dans le calme des bois de Plomarc'h, deux femmes réparent les filets destinés à la pêche à la sardine.

31 - Douarnenez 1911

Entre deux pêches sont accrochés, pour sécher, aux façades des maisons, les filets «bleus» des sardiniers.

32 - Concarneau 1911

Au pied du beffroi de la «forteresse de la mer», le déchargement des thons s'effectue. Concarneau va devenir le premier port «thonier» de France, supplantant sa précédente et première activité que fut la pêche à la sardine.

33 - Douarnenez 1911

Les ouvrières débarquent les thons. Ceux-ci sont péchés sur de gros bateaux reconnaissables à leurs longues perches ou «tangons».

34 - Douarnenez 1912

La femme porte la coiffe de Douarnenez dont la finesse lui a fait donner le nom de «pech-kevnid» (toile d'araignée). Les deux coins qui subsistent à l'arrière sont ce qui reste des «chrikellon» (mentonnières). Du quai; les deux enfants font déjà l'apprentissage... de leur futur métier.

35 - Douarnenez 1912

Retour de pêche, les marins regagnent la jetée à la godille.

36 - Concarneau 1911

Le grand rassemblement des thoniers dans le port.

37 - Douarnenez 1912

Un homme débarrasse la coque des algues et des coquilles pour calfater ensuite le bateau. Son compagnon prépare le brai. Le calfatage consiste à «fermer avec de l'étoupe et du brai les coutures des carènes. Ensuite il faut chauffer pour tirer les vers et faire fondre le vieux brai (goudron). Le brai isole l'étoupe et l'empêche de se corrompre au contact de l'eau».

38 - Concarneau 1911

Des hommes essaient de basculer une barque pour la nettoyer.

39 - Douarnenez 1912

Préparation du calfatage. Le bateau maintenu par les béquilles, on chauffe le brai.

40 - Douarnenez 1912

On patauge, premier bain de pieds, ou plus...

41 - Douarnenez 1911

Entre deux rangs de tricot et un peu de papotage, on surveille les jeux de plage.

42 - Concarneau 1911

Les bains de mer en 1911 à Concarneau!...

43 - Concarneau 1911

Timides jeux d'enfants dans les rochers.

44 - Douarnenez 1911

Pour les audacieuses, c'est déjà le grand large...

45 - Douarnenez 1911

Maintenant il faut se rhabiller et ne rien oublier.

46 - Doelan 1911

Avant de l'étendre sur les galets de la plage, les deux femmes tordent le drap.

47 - Concarneau 1912

Un lavoir naturel qu'une rivière a formé sur la plage, retenu par les rochers, permet aux femmes d'effectuer les durs travaux de lessive. Agenouillées dans leurs «carrosses» de bois, garnis de paille pour garantir de l'humidité, les femmes savonnent, battent et brossent le linge.

48 - Pointe de Trévignon 1911

Après avoir rincé leur linge, les femmes l'étendent sur des blocs de rocher et les transportent à l'aide de panières.

49 - Douarnenez 1912

Pour compléter le blanchissage du linge, cette femme étend au soleil ses tabliers, sur les haies vives.

50 - Rochefort-en-Terre 1911

Un autre «carrosse» pour l'enfant...

51 - Douarnenez 1911

Sur cette côte, la vie rurale et la vie maritime étant très distinctes, les femmes effectuent de lourds travaux tandis que les hommes sont en mer.

52 - Concarneau 1912 (Paradis-jument).

La forêt fournit la litière (bruyère et fougère) pour l'étable.

53 - Douarnenez 1911

Le «doué», ou lavoir communal, joue un rôle important dans la vie du village. C'est le lieu, avec la fontaine ou le puits, de rencontres et d'échanges de nouvelles. On remarque les paniers soit d'osier soit de bois, permettant le transport du linge. Ces paniers sont généralement fabriqués à la veillée.

54 - Rochefort-en-Terre 1911

Assises devant leur maison, deux couseuses portent la coiffe de lingerie brodée à lacets. Leur grand châle de laine dissimule leur vêtement de drap noir.

55 Vannes 1911

La vieille femme, assise, a mis sa coiffe d'«artisane». Les autres portent la coiffe «en forme de toit».

56 - Rochefort-en-Terre 1911

La corvée d'eau.

57 - Rochefort-en-Terre

Brocante's store Besson ou le chiffonnier avant 1914.

58 - Douarnenez 1912

Jour de pardon, «fête de l'âme bretonne», femmes et enfants ont revêtu leurs plus beaux costumes. On distingue la coiffe de Douarnenez et celle de Quimper. Les enfants portent le béguin brodé de fleurs.

59 - Le Faouët 1913

Les femmes sont vêtues de la cape-ribot de drap à fond de velours noir. Les sabots sont fabriqués en bois de hêtre (plus légers et résistants).

60 - Vannes 1911

Marchande de fripes. Les femmes portent la coiffe dite «d'Auray» mais que l'on rencontre aussi à Vannes.

61 - Le Faouët 1912

Marché aux chevaux. Pour conduire les bestiaux à la foire, les hommes substituent au «chupenn» la blouse de toile ou de coutil.

62 - Le Faouët 1912

Près de la halle datant du XVIe siècle, dont on aperçoit les piliers de granit, deux hommes examinent une bête, discutent. Le pantalon remplace le « bragou-braz ».

63 - Le Faouët 1913

Des femmes sont coiffées d'un bonnet de filet qui enserre le chignon tandis que deux autres semblent porter la coiffe de Châteauneuf-du-Faouët. Les hommes portent le pantalon serré qui s'évase au niveau des poches. La grande blouse de coutil entrouverte laisse apercevoir leur chemise.

64 - Le Faouët 1913

Le marché est un événement important dans la vie des paysans. C'est le grand rassemblement des habitants de la bourgade et des environs que l'on distingue grâce à la diversité des coiffes. Chaque «clan» affirme ainsi, par le costume, son particularisme.

65 - Le Faouët 1912

Divers achats pour la soupe aux choux...

66 - Fouesnant 1911

Pardon, le 26 juillet. Les femmes portent le type de coiffe de Fouesnant. La collerette brodée et ajourée atténue l'austérité de la robe de drap et de velours noir. Le tablier, très luxueux, est réservé pour les jours de fête.

67 - Le Juch 1911

Avant d'aller faire brûler les cierges dans ce sanctuaire, ces femmes venues de divers «pays», ont dû faire l'aumône à ces mendiants qui envahissent les pardons.

68 - Douarnenez 1912

Trois générations en promenade mais toujours le même parapluie...

69 - Le Juch 1911

Pardon, le 15 août. La jeune fille de gauche porte le costume de fête du village du Juch. Le rabat est fixé au cou par des rubans. Le gilet et le corselet «faux devant étagé» sont ornés de motifs que l'on retrouve au parement des manches. Le tablier est parsemé de feuillages. La petite fille, cheveux au vent, porte une sorte d'«escoffions à quartiers».

70 - Douarnenez 1911

Quatre jeunes filles ont revêtu leur robe de tulle blanc, recouverte par leur long châle de tulle brodé. Celle-ci s'ouvre pour découvrir le jabot de dentelle. La cornette (coiffe de fête exclusivement) se présente sous la forme de «pièces de dentelles à pans que l'on relève avec des épingles». Les autres filles qui entourent la procession sont vêtues plus modestement. Elles portent le grand châle dont les bouts sont dissimulés sous le «devantier à bas volet» (tablier).

71 - Douarnenez 1912

La fête commence, on se prépare pour la procession. Le châle de tulle recouvre entièrement la robe. Le costume de ces femmes a subi l'influence de la mode des grandes villes.

72 - Fouesnant 1911

«Chupenn» et gilets de différentes couleurs suivant le lieu auquel on appartient. Deux rangées perpendiculaires de boutons de métal descendent du col jusqu'au bas du gilet. Les manches ainsi que le pourtour de la veste ont des parements de velours. Les larges chapeaux de feutre s'ornent de rubans de velours ou de boucles.

73 - Fouesnant 1911

Après les cérémonies religieuses, des «réjouissances profanes» s'organisent. On déguste une bolée du cidre, très apprécié, de Fouesnant.

74 - Quelque part entre Quimper et Trévignon 1911

Le charretier et son attelage.

75 - Concarneau 1911 (ou ses environs)

La femme porte une coiffe composée d'un bandeau et de deux «tronçons de bardes».

76 - Concarneau 1911 (ou ses environs)

Déjà passionnés par le mouvement des bateaux...

77 - Douarnenez 1911 (ou ses environs)

Petit village près de Douarnenez aux basses maisons recouvertes de chaume et de bruyères. Le faîtage est coiffé de terre. On remarque la barrière et son contrepoids de pierre.

78 - Pointe de Trévignon 1911

La récolte des algues est très pratiquée par les Bretons de l'Arvor qui ont obtenu le droit d'exploiter le goémon côtier. Celui-ci est entassé et brûlé pour fournir de la soude qui deviendra ensuite de l'engrais. Le varech sert aussi à constituer des matelas.

79 - Concarneau 1912

Va-et-vient continuel dans le port pendant cette période de pêche hauturière qui s'étend de mai à octobre. En plus des thoniers dont l'un se trouve au premier plan, huit cents bateaux se livrent en 1911 à la pêche à la sardine.

80 - Concarneau 1911

Les coiffes des ouvrières des ports sardiniers du Sud-Finistère (de Douarnenez à Concarneau) ont reçu le surnom de «Pen Sardinn», car la commercialisation de la pêche occupe une grande partie de la main-d'œuvre féminine sur cette partie du littoral.

AD 686
CC1000

5
13
C C 713

D1 2

MLLE MOR
DEBITAN

CHO
ME
CHO
ME

DAGORNE LOUEUR DE VOITUR
ÉPICERIE ROUENNERIE CHAUSS
BUVETTE DES VOYAGEURS
CHOCOLAT MENIER
CHOCOLAT MENIER

Achevé d'imprimer sur les presses
de Héraclio Fournier, S. A. à Vitoria (Espagne)
Photogravure : Atesa / Argraf, Geneve
Dépôt légal : 348 - novembre 1990

Imprimé en Espagne

Achevé d'imprimer sur les presses
de Heraclio Fournier, S. A. à Vitoria (Espagne)
Photogravure: Atesa / Argraf, Geneve
Dépôt légal: 348 - novembre 1990

Imprimé en Espagne